前橋学ブックレット 26

教育者・井上浦造

上毛新聞社

目次

はじめに

赤城山南麓の中央に位置する前橋市宮城地区（旧勢多郡宮城村）は、平成16（2004）年12月に当時の前橋市と合併し、今日に至る。旧勢多郡宮城村は、明治22（1889）年4月、当時の鼻毛石《はなげいし》村、柏倉《かしわぐら》村、市之関《いちのせき》村、三夜沢《みよさわ》村、苗ケ島《なえがしま》村、馬場《ばば》村、大前田《おおまえた》村の7カ村が合併して「宮城村」が生まれた。赤城山の裾野に位置する宮城地区は、関東平野を眺望でき、春には「赤城南面千本桜」が咲き誇り、「ぐんまフラワーパーク」は、四季を通して花を楽しめる。

井上浦造《うらぞう》（1867-1952）は、幕末の慶応3（1867）年、赤城山南麓の上野国勢多郡馬場村（現前橋市馬場町）に生まれた教育者である。出身は農家であるが、学問に興味をもち、地元の苗ヶ島村（現前橋市苗ヶ島町）の国学者・斎藤多須久《たすく》に師事した。やがて前橋で、新島襄門下の海老名弾正《えびなだんじょう》を知り、前橋教会で、同志社に学んだ不破唯次郎《ふわただじろう》から受洗し、キリスト教に入信した。また、明治21（1888）年には、伊香保に静養に来ていた新島襄に出会い、その人物を慕い、京都の同志社に学ぶことになる。卒業後は群馬県に戻り、主に沼田・前橋・館林などで伝道する。その間、内村鑑三の「後世への最大遺物」の講演を聴き感銘を受けたと言う。やがて、「教育」に関心を持ち、伝道生活をやめて東京へ出る。東京では教育界に転じるべく独学し、群馬県へ帰郷。ついに山田郡大間々町（現群馬県

「井上浦造先生」　大間々高校蔵

みどり市）に念願の「共立普通学校」（私立）という中等教育機関を設立する。以後、井上浦造は、校長として廃校までの約 40 年間、地方教育に携わる。

「共立普通学校」は、明治 33（1900）年に井上浦造によって創設された当時の中等教育程度の学校であった。「共立普通」の文字には、井上浦造が新島襄の設立した同志社に学び体得した「デモクラシー」の理想が込められていたという。その学校経営は、井上浦造が創立者兼校長として運営した私立の学校ではあったが、その経営方式は、大間々町（現みどり市）周辺地域の首長といった地方政治家に働きかけて資金を集めていた。すなわち、コミュニティー・スクール的性格を帯びていたのである。その後、「共立普通学校」は、昭和 13（1938）年に廃校（町立に移管）後、幾多の変遷を経て、現在では、群馬県立大間々高等学校として存続している。

「共立普通学校」の教育の特色は、住谷天来《すみやてんらい》（キリスト教思想家として、内村鑑三とも深い交友があった）や博物学者の岩澤正作《いわさわしょうさく》、といった個性豊かな人物を招き、教鞭をとっていた点があった。

井上浦造を取り巻く人間像には、同志社時代の恩師・新島襄をはじめ、内村鑑三、住谷天来、柏木義円《ぎえん》、松村介石《かいせき》といった近代日本の宗教家といわれる人物との交流があった。こうした人物との出会いを軸に、浦造の人となりを述べてみたい。

第１章　赤城山南麓（前橋市宮城地区）の風土と人物

自然豊かな環境に恵まれた赤城山南麓の前橋市宮城地区には、太古から人々が住み着いていた。旧石器時代の遺跡として、前橋市苗ヶ島町には、「岩宿遺跡」を発見した相澤忠洋《あいざわただひろ》が調査した「桝形《ますがた》遺跡」（前橋市指定史跡）がある。古墳時代の遺跡として重要なのが、同町にある「白山《はくさん》古墳」（前橋市指定史跡）である。同古墳からは、「和同開珎」や、仏教文化の影響が見られる遺物が発見され、古墳時代終末期の遺跡として貴重である。また、宮城地区には、赤城山信仰を特色づける「赤城神社」（前橋市三夜沢町）が鎮座している。赤城山中腹には、「櫃石《ひついし》」（群馬県指定史跡）という巨石があり、周辺からは古代の祭祀に使用されたと思われる遺物が出土している。前橋市鼻毛石町の赤城寺には、戦国時代に北条氏に仕えて活躍した武将「北爪将監《きたづめしょうげん》」の供養塔（前橋市指定重要文化財）がある。北爪氏は鼻毛石に土着した一族と思われる。また、前橋市柏倉町には、「阿久沢《あくざわ》家住宅」（国指定重要文化財）がある。同住宅は、江戸時代（17 世紀末頃）に建てられた北関東の典型的な農家建築であると言われている。

こうした宮城地区出身の著名な人物としては、国定忠治とも交流があったという侠客・大前田（田島）英五郎がいる。英五郎は、寛政 5（1793）年、上野国勢多郡大前田村（現前橋市）の田島家に生まれた。亡くなったのは、明治 7（1874）年のことであった。苗ヶ島町出身には、斎藤多須久がいる。多須久は、国学者・医師として活躍した。天保 6（1835）年、上野国勢多郡苗ヶ島村に生まれた。幕末には京都に上り、医術を学び、時世により尊攘《そんじょう》派の志士と交わった。帰郷後は、医療の傍ら郷里に私塾を開き、子弟を教えた。

主な門人には、地域のリーダーとして活躍した政治家や教育者たちがいた。明治時代に衆議院議員となった竹内鼎三《ていぞう》［旧勢多郡新里村（現桐生市）出身］、旧大胡町長・県会議員として活躍した大竹勝衛《かつえ》［旧大胡町（現前橋市）出身］、旧宮城村の歴代村長（東宮六郎治・長岡道三郎・前原芳雄・阿久澤友次郎・東宮徳次郎・前原勝馬など）がいた。主な教育者としては、大間々（現みどり市）に共立普通学校を創設した井上浦造、大胡小学校初代校長・星野三郎（旧宮城村苗ヶ島出身）、鼻毛石小学校（当時は赤城寺にあった）の初代校長・三夜沢赤城神社の神官でもあった奈良原晴麿らがいた。斎藤多須久の孫が玉男である。斎藤玉男（1880-1972）は、精神科の医学博士で、詩人・高村光太郎の妻智恵子の主治医としても著名である。玉男も苗ヶ島町に生まれた。父は前橋市富士見町出身で、医師の羽鳥《はとり》文吉《ぶんきち》（斎藤家に婿入りし、斎藤布美衣《ふみい》と改名）であった。布美衣の弟には、医学博士として台湾などで活躍した羽鳥重郎《じゅうろう》がいた。また、苗ケ島町には、詩人として活躍した東宮《とうみや》七男《かずお》（1897-1988）がいる。七男は当時の宮城尋常高等小学校（現前橋市立宮城小学校）を卒業し、井

「井上浦造先生之像」（昭和 42 年建立）大間々高校

上浦造の創設した共立普通学校に学んだ。その後、群馬県師範学校（現群馬大学）に入学、同校を卒業して教職に就いた。戦時中は、従兄の軍人・東宮鐵男《かねお》の伝記を執筆するため、満州（中国東北部）へ渡った。戦後は、萩原朔太郎詩碑建設運動などの文化活動を興した。詩作や詩論の発表にも取り組み、群馬県内の文学運動に貢献した。

第2章　新島襄との出会いと同志社時代

第1節　生誕から青年期
―赤城山南麓の村から前橋の町へ―

井上浦造生家　昭和時代に撮影されたもので、現在は、取り壊されている。群馬県教育委員会編『宮城村の民俗（群馬県民俗調査報告集第 23 集）』（昭和 56 年発行）所収。

井上浦造は、慶応3(1867)年、上野国勢多郡馬場村の農家・井上伍作《ごさく》の長男として生まれた。浦造の生まれた赤城山南麓地域は古くから養蚕業が盛んであった。明治初期の勢多郡苗ヶ島小学校（当時は金剛寺にあった）に学び、同校を卒業。家業の農業を手伝うが、一時、母校の小学校の授業生（代用教員）となった。また、村の国学者斎藤多須久にも師事し、漢学などを習った。

当時の群馬県地方は、新島襄（1843-1890）の出身地である安中をはじめ、全国でもキリスト教の信徒の多い地域であり、同志社に学んだ新島の弟子たちの布教が活発な地域であった。赤城山南麓地域にもキリスト教が浸透しつつあり、浦造が前橋に出た明治 17（1884）年頃、当時の前橋教会において海老名弾正を知った。浦造はこの時のことを、井上浦造著『華甲記念後凋先生詩文集』所収の「自叙傳」（以下、「自叙傳」とのみ表記し、原文のままとする）によると、「紺屋町（前橋）の会堂に行き、海老名弾正先生の

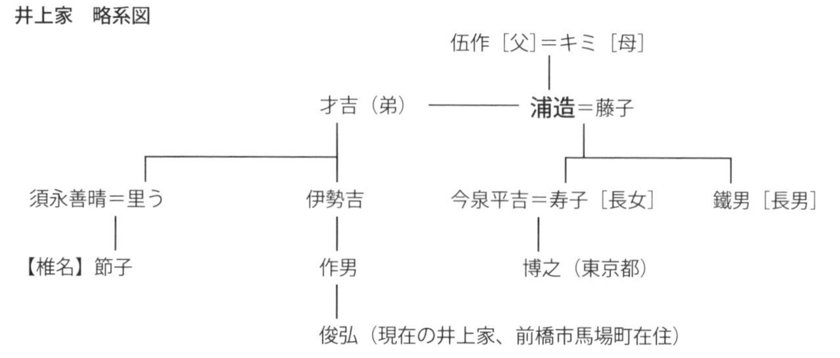

＊井上浦造は、旧宮城村馬場の実家を弟・才吉に譲り、自身は晩年、東京都に住む娘の今泉家に身を寄せた。

説教を聴かんとしたるに、今や説教は終わりを告げんとして、長身の氏はフロックの右手高く差し上げて、諸君彼の天の父を見給へと、叫ばれて壇を下りられた（後略）」と回想している。

この海老名弾正との出会いは、浦造にとって大きな影響をもたらしたが、海老名は東京へ転出してしまう。その後、浦造は、後任として前橋教会に来た不破唯次郎牧師から、明治 20（1887）年 2 月 6 日、洗礼を受けた。不破唯次郎は、肥後国（現熊本県）出身で、いわゆる「熊本バンド」の一員であり、同志社の第 1 回卒業生であった。不破は明治 19（1886）年頃、前橋に転じて来た。浦造は赤城山南麓の村から前橋の町に出て、「幽谷義塾《ゆうこくぎじゅく》」という私塾に入塾した。明治 20 年、21 歳のことであった。幽谷義塾は、漢学・英学・数学などを教える私塾であった。この幽谷義塾時代に、生涯の交友を結ぶことになる住谷弥作（のちに天来）と出会う。住谷弥作（天来）は、明治 18（1885）年頃、前橋の幽谷義塾に入塾。このあたりの経歴は浦造と似ている。二人とも農家に生まれ、明治維新後の学制に伴う小学校教育を終え、卒業後は家業である農業を手伝うが、学問を好み、前橋の幽谷義塾で両者は出会う。天来は後年、『聖化』第20号（1928年発行）において、「後凋先生は本名を井上浦造君といい、予の青春時代の友なり」と記している。幽谷義塾の勉学後、浦造は新島襄の同志社に、天来は福沢諭吉の慶応義塾に学ぶことになる。この幽谷義塾時代の二人の出会いは、終生の友となる両者にとって大きな意味をもった。この頃、前橋ではキリスト教が広まりつつあり、当時の前橋教会には、いわゆる知識階級のほかに青年層も出入りするようになっていた。天来も、明治21年3月、不破牧師から洗礼を受けた。

また、明治20年1月、「上毛青年会」が、高津仲次郎・竹越與三郎らによって、前橋桑町の住吉屋で結成された。竹越は、埼玉県本庄出身。慶応義塾に学び、明治19年頃前橋に来たという。同年設立された前橋英学校の教員となった。のちにジャーナリストとなり、歴史家、衆議院議員や貴族院議員として活躍した人物でもあった。井上浦造、住谷天来もこの「上毛青年会」のメンバーとなった。

第2節　新島襄との出会い

浦造は、前橋教会の神学生の一人として同志社行きを決心し、遊学することとなった。当時、同教会からは、「寺澤精一・佐竹篤・井上浦造・斎藤熊雄・松宮はる」の5人が神学生として送りだされた。寺澤・佐竹・井上・斎藤が同志社へ。松宮は、神戸女子伝道学校へ入学したという。寺澤は同志社卒業後、群馬県尋常中学校（現県立前橋高等学校）教師などを経て、前橋市立高等女学校（現県立前橋女子高等学校）初代校長となった。佐竹篤は、浦造とは旧知の間柄であり、南勢多郡鼻毛石村の小学校の教員を経て、同志社に学んだ人物であった。斎藤熊雄は、斎藤壬生雄（民権運動家）・青柳新米《しんべい》（教育者・共愛女学校校長）の弟で、同志社卒業後は、県内の小学校校長などを歴任した教育者となった。

明治 21 年 8 月、当時の同志社の先輩佐竹篤が夏期伝道師として、大胡・大間々地方に派遣されていた。その佐竹の話に、新島襄先生が、伊香保に療養に来ているというので、浦造は、一緒に見舞いに行くことになった。新島襄は、明治 21 年 7 月 24 日、前橋に到着していた。7 月 27 日、前橋を出発後、静養のため、伊香保の木暮武太夫方に到着しており、8 月 6 日には、千明《ちぎら》氏の別荘に移っていた。浦造の記憶によると、

新島 襄（「上毛かるた」許諾 03-02016 号）

「八月の何日であったか記憶はしておらぬが、新島先生が伊香保に病を養われているというので、佐竹氏が見舞に行くから、同道せよというので、月田学校の高島房治郎君と余と三人で馬車で伊香保に行って、先生に面会した。伊香保は千木良《ママ》［千明］氏の別邸で先生はフラネルの和服で居られた」（「自叙傳」）

と述懐している。高島房治郎は、浦造の実家に近い勢多郡月田村（現前橋市粕川町月田）の小学校の教員であり、すでに前橋教会において洗礼を受けていた人物であった。浦造は新島の姿について、

「上州の地図を開いて佐竹氏に見せて此所にも手をつけねばならない、と伝道の事を話されたのであったが、段々と熱心になって来ると、

> **その御令閨が、もしそのお話はやめにしていただかないかとおからだに障りましょうと仰せられる。先生は笑いながらやめられた」（「自叙傳」）**

と回想している。なお、新島の当時の記録が残されており、明治 21 年 8 月 16 日には、八重夫人が伊香保に来ていたので、浦造ら 3 人が新島と面会したのは、八重夫人の到着後かと推定される。

新島の手紙（明治 21 年 11 月 10 日）が残されており、「この夏、私が上州の伊香保にいた時、（中略）最新の数字を入手し、その近辺で教会が組織され伝道が始まった場所に印を入れました。印をつけた地図［所在不明］が、上州の地図です」（『新島襄の手紙』所収）と伊香保滞在中の様子を記している。新島が佐竹や浦造に見せていたのは、この手紙にでてくる地図のことかと推定される。しかし、新島の日記には、浦造ら 3 人が来訪したという記述は見られない。ただこの時が、浦造と新島襄の初めての対面となった。佐竹篤が浦造を新島に紹介すると、新島は「ああそうですか、用意ができましたか」（「自叙傳」）とそれだけ話された。浦造は新島についての印象を、「この時余は新島先生という人はもっと年をとった人であると想像していた。余りにお若く、そしてお顔の色もすぐれず、さりながら温乎たる風貌中、凜乎として狃《な》るべからざる威厳があった、という様に感ぜられた」（「自叙傳」）と初めて対面した新島の姿について記している。

また、浦造の回想「地方教育に於ける経験談」（『道』第 387 号、1940 年所収）では、「其夏、静養の為めに伊香保に滞留せられてゐた新島先生に、初めてお目に掛ることを得、奨励のお言葉などを賜はり、非常の勇気に満ちて、同志社行の準備をしたものです」（原文のまま）とも語っている。

なお、新島側の記録によると、明治 21 年 9 月 16 日に、前橋桑町住吉屋方に宿泊しており、その宿舎を浦造らが訪ねている記述がある。この時は、「井上浦造、高津仲次郎、竹内鼎三、永井元、稲川富治郎、金井里次郎、宮口二郎、堀正義、桑原静一、中島祐八」ら 10 人が訪れていた。彼らの多くはキリスト教信者であった。浦造と一緒に新島を訪問した高津仲次郎は、早くから自由民権思想をもち、前橋英学校の設立、上毛青年会の創設にも関係し、県会議長や衆議院議員となり活躍した人物である。永井元は、前橋出身で上毛青年会に属していたが、渡米。女性ジャーナリストとして足尾鉱毒事件などの報道に活躍した松本英子と結婚した人物であった。竹内鼎三、宮口二郎、中島祐八などは衆議院議員となり、群馬県選出の政治家として活躍した。稲川富治郎、桑原静一らも県会議員として活躍した。

第 3 節　同志社神学校時代

幽谷義塾を退塾して、明治 21 年 9 月、浦造 22 歳の時、夏期休業で帰省していた同志社の学生佐竹篤と一緒に京都の同志社へ向かった。同志社神学校別科神学科の 1 年生になり、ここに浦造の同志社神学校時代が始まった。別科神学科とは、「基督教ノ教師ヲ養成スル為メ邦語ヲ以テ神学ヲ授ク」という学科であった。同志社側の明治22年1月の資料によると、彼の名前が「生徒族籍氏名一覧」『同志社百年史　資料編一』所収の［イ之部］に「群馬県南勢多郡馬場村平民　別科神学一年生　井上浦蔵」として掲載されている。また、浦造が入学した頃の同志社（当時）に学んでいた群馬県関係者の先輩として、「柏木義円（5 年生）、磯貝由太郎（雲峰）（5 年生）、佐竹篤（3 年生）、深井英五（3 年生）、寺澤精一（2 年生）」らの名が見える。

なお、柏木義円とは、晩年に至るまで交流をもった。柏木は新潟県出身ではあったが、同志社卒業後は、母校（同志社）の教員になった。その後、安中教会の牧師をしながら、『上毛教界月報』などの編集をした。磯貝由太郎（雲峰《うんぽう》）は卒業後、同志社女学校教員となり、『同志社文学』の編集にたずさわり文学者として活躍。渡米してアーモスト大学に学ぶが、帰国後死去。深井英五は、高崎出身。西群馬教会の星野光多《みつた》を知り、キリスト教に入信。卒業後、徳富蘇峰の主宰する国民新聞社へ入社するが退社、松方正義の推薦で日銀へ入行。戦前の第 13 代日本銀行総裁になった人物である。

浦造は、同志社の寮に入って学生生活を始めた。彼が当時習った科目と教師についてであるが、聖書の解説と教会の歴史は、ラーネット博士であった。ラーネットは、アメリカンボード派遣宣教師として来日。組織神学及旧約聖書はデヴィス博士の受け持ちであった。デヴィスについて、「この博

「明治 25 年 3 月　同志社神学校卒業記念　前列左から 4 人目が井上浦造」（『大間々高校百年史』より）

士は議論が好きで、質問すると熱心に答えられた。なかなか正統派で偉い先生であった」（「自叙傳」）と述べている。ゴルドン博士から牧会学、森田久万人《くまんど》から心理学と道義学（倫理学）などを学ぶ。課外として湯浅吉郎《きちろう》（半月）博士からヘブライ語も習ったという。

新島は同志社を大学に昇格させるべく、大学設立募金活動のため、明治22年11月下旬から前橋を訪れていたが体調を崩し、その後、療養のため、大磯へ行くこととなった。しかし、体調は回復せず、明治23（1890）年1月23日死去した。

浦造にとって新島は、終生、尊敬する恩師であった。浦造は新島の死後、『山田郡教育會雑誌』第60号（明治36年発行）で、新島について次のように述べている。「（前略）余輩先生在世の日同志社の門にあり時々其演説を聴き且つ其温容に接したれば其人格に就て確認する所なきにあらず又其当時先輩より伝聞せる所のものも少なからず（後略）」（原文のまま）として、恩師の在りし日、同志社の一人の在校生として、その演説姿を近くに仰ぎ見ていた。また、浦造がある夜、新島邸を訪問した様子を次のように述懐している。

> **「余は一夜先生を訪ひ将に辞せんとす先生手から燭を採りて之を玄関迄送り来りたりと然り燭を採りて人を送る寧《むし》ろ平凡なる行為にあらすや而如此人を感動せしめし所以《ゆえん》のもの何ぞや曰く人を人たるの故を以て真心より敬愛したればなり」（『山田郡教育會雑誌』第60号）**

わざわざ新島が浦造を見送る際に、「燭（ランプ）」を持って玄関まで見送ってくれたという。

同志社の創立十周年記念式典が明治18年にあり、新島がその演説の中で「諸君よ、人ひとりは大切なり。一人は大切なり」と語っていたことから、まさに新島の浦造に対する扱いもその言葉を裏付ける。さらに、浦造は新島について、次のような評価をしている。

「（前略）独り新島先生に至りては基督《キリスト》教徒も仏教徒も教育家も政治家も内外人其に以て稀世《きせい》の偉人となし或は上毛の傑物《けつぶつ》古今三人を数ふれば曰く新田左中将曰く高山彦九郎曰く新島襄ならんと（後略）」（『山田郡教育會雑誌』第60号）と述べ、恩師を新田義貞・高山彦九郎など、郷土の偉人と同様に賛辞していた。

こうして、明治25（1892）年6月24日、同志社神学校別科神学科を卒業することとなった。『基督教新聞』第466号（明治25年7月1日発行）の「教報」、「京都同志社卒業式の詳報」には、「京都同志社各学校卒業式（京都通信）普通学校並に神学校第十七回卒業式は　六月二十四日午後二時より開会湯浅治郎氏会を司り（中略）高橋鷹蔵氏の演説（中略）小崎校長證書《しようしよ》を授与し式終り（後略）」と卒業式当日の様子を伝えている。なお、同新聞の「神学校別科卒業生」名簿（17人）によると、「石原甚三郎（岡山県）、井上浦造（群馬県）、岡部太郎（長野県）、高橋鷹蔵（新潟県）、武田佐吉郎（福岡県）、野口末彦（熊本県）他」と共に同志社を卒業した。また、同級生のうち、岡部太郎、石原甚三郎、武田佐吉郎、野口末彦らは、卒業後も浦造と関係し、のちに上州の教会とも関係をもった人たちであった。岡部太郎は、信州の生まれで卒業後、群馬県内の高崎、甘楽教会牧師として活躍。岡部は一時期、柏木義円の下で、『上毛教界月報』の発行に携わった。石原甚三郎は岡山出身、卒業後は浦造の伝道先、上州・尻高（現吾妻郡高山村尻高）への伝道に従事。武田佐吉郎は卒業後、浦造とほぼ同時期に、西群馬（高崎）教会伝道師として行動を共にしている。野口末彦は、前橋教会牧師としても活躍。野口は、『上毛教界月報』にも投稿していた。（『日本キリスト教歴史大事典』）

第３章　内村鑑三に学ぶ
－講演「後世への最大遺物」を聴く－

第１節　沼田基督教講義所・伝道師時代

さて、同志社卒業後の浦造であるが、結局、種々の事情から、郷里、上州の須川（現利根郡みなかみ町）へ行くことになり、併せて付近の沼田、高山村尻高などにも応援に行くことが決定した。群馬県の北毛地域は、山間部で交通が不便な地域であり、この地域の伝道に懸ける浦造の意気込みには相当なものがあった。当時のことを振り返り、

> **「余は、卒業をして、しかも、旧式の正統派的の教育を受けたまま、学窓に於ける未体験の宗教を宣伝して、我大日本国の宗教を改造せんと志したのである。否余等が進んで教会を率いて、精神界に大波紋を起さんとしたのである。否そ―せねば日本は進歩向上はせないと信じたのである。新島先生の素志を継ぐはそれである。彼の愛国的熱誠、彼の純真な、『ピュリタン』的信仰、これこそ日本を救うべき唯一の途であると信じたのである」（「自叙傳」）**

と述べている。新島襄直門下として同志社に学び、キリスト教伝道師（組合教会）として任地に赴く熱き情熱が感じられる。この北毛地域の教勢について言えば、すでに星野光多らが明治18年頃から伝道しており、明治19年の須川には、「西群馬教会須川講義所」として会堂が新築された。浦造は当時のこの地域の実情について、「一通りは耶蘇教《やそきよう》を知っており、創業時代は過ぎて守成の時代となって居た」（「自叙傳」）と分析している。浦造が

内村鑑三（「上毛かるた」許諾 03-02016 号）

須川に来訪したのは、前伝道師高橋優の辞任後、約 2 年の空白期間後であった。なお、「須川基督教会年表」『新治村史料集』所収によると、明治 25 年の記録に「井上浦造一時中止シアリシ須川伝道ヲ再開ス」との記述が見られる。

しかし、実際には伝道活動は思わしくなく、当時の厳しい伝道生活を回想している。このあたりの生活状況が、次第に浦造の心境に変化をもたらし始めることになった。そのため、伝道の理想に燃えていた心と現実の伝道生活のギャップにさいなまれていた浦造は、結局、「須川に寓《ぐう》する事になった」（「自叙傳」）という。ほぼ同時期か、同志社で同級生であった石原も同地域の伝道師を辞しており、「須川基督教会年表」の明治 26（1893）年の記録にも「石原甚三郎、尻高名久田ノ伝道師ヲ辞ス。井上浦造須川ヨリ沼田ノ講義所へ転任」との記事がある。

明治 26 年 10 月 12 日、4 里（約16㎞）の道を歩き、沼田町（現沼田市）に到着したという。沼田は北毛地域の中心的な町である。こうして、沼田基督教講義所伝道師としての生活が始まる。『沼田教会百年の歩み』の記録によると、「明治二十五年四月より井上浦造氏伝道師として来任。始めは須川に居を定め、当地へ毎月二回宛出張せられしが二十六年五月より当地に転居し、専ら当地を伝道せり。此時より沼田小学校前に一家を借り受け再び沼田基督教講義所を開設す」との記述が見られる。なお、同記録の年表によれば、明治 26 年に「10 月 井上浦造沼田に転居沼田専任となる」との記載がある。

沼田へ移転した頃の心境について、

> 「苟《いやしく》も身を直接の伝道に献げたものの、信徒の多少、教勢の振否、そんな事を眼中に置くべきではない。我国を救うは、何としても英国の清教徒のような、頑固な、敬虔な団体を要する、将来の沼田に、社界《ママ》を動かすべき一大勢力ある教会を造らなければならない。これこそ、余が使命である」（「自叙傳」）

と伝道に懸ける思いを述懐している。

西群馬教会（高崎教会）には、浦造とは同志社の同級生であった武田佐吉郎という福岡県出身の牧師が、明治25年に招聘されていた。しかし、武田は明治26年12月末には辞任してしまう。「組合教会二十六年度一覧表」（『遊行する牧者　辻密太郎の生涯』）所収によると、西群馬教会の教勢として、講義所「高崎町、倉ケ野、沼田、須川」とされ、牧師及主任伝道師に「武田佐吉郎」、伝道師に「井上浦造」と記載されている。

第2節　内村鑑三の講演「後世への最大遺物」

明治27（1894）年7月、箱根において第6回基督教青年会夏期学校が開催された。浦造は、沼田教会伝道師としてこれに参加し、内村鑑三、大島正健《まさたけ》らの講演を聞いている。この中で特に内村の講演が浦造の心を動かしたという。この夏期学校というのは、関東と関西とにおいて交互に毎年夏季に催された全国キリスト教信徒の修養会であった。この講演の行われた第6回夏期学校は、海老名弾正を校長とし、講師に内村鑑三・大島正健・

植村正久・松村介石らがいた。

内村鑑三の講演は、浦造にとってその後の生き方に大きな影響を与えたものと思われる。内村は、「後世への最大遺物」の講演の中で、「人間が後世に遺《のこ》すことのできる、ソウしてこれは誰にも遺すことのできるところの遺物で、利益ばかりあって害のない遺物がある。それは何であるかならば勇ましい高尚なる生涯であると思います。これが本当の遺物ではないかと思う。（後略）」（『後世への最大遺物・デンマルク国の話』所収）と言っている。

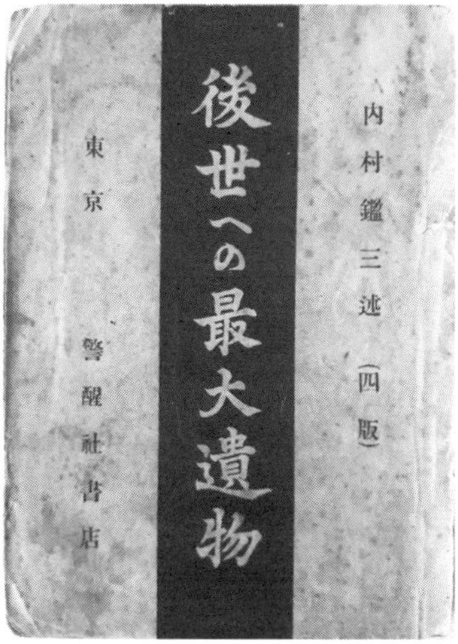

内村鑑三述（四版）『後世への最大遺物』」（警醒社書店刊）

この内村の講演を聴いた浦造は、その時の講演について、次のように語っている。

「（前略）もう一は内村鑑三先生の後世の最大遺物という講演であった。（中略）その時に深く深く余に感動を与へた。余も何か、後世の為に遺したい。最大遺物！自分の力相応の遺物、これを残したい。（中略）必ずしも、伝道という事ではあるまい。如何なる苦心をしても、如何に世間に知られなくも、自ら安んずる事の出来る、その遺物、最大でも最小でもそれはよい、それをやりたい（後略）」（「自叙傳」）

と記している。特に「深く深く余に感動を与へた」の言葉は、当時、伝道生活に疑問を感じていた浦造にとって、内村の講演がよほど心に響いたと思われる。浦造は、当時の内村の肉声による講演を聴いた。すなわち、この内村の講演は、のちに浦造の人生に大きな転換をもたらすきっかけになったと言えよう。その後、浦造と内村との交流があったのか定かではないが、浦造の友人である住谷天来は、内村と深い交友関係をもった。

第６回基督教青年会夏期学校の記録『湖畔論集』所収の「来校生徒氏名」によると、約 100 人の参加者がおり、所属教会「組合　井上浦造」との記載がある。「府県別」の欄は空白にはなっているが、群馬県からの出席者は、浦造のみである。恐らく浦造は、内村鑑三の「後世への最大遺物」の講演を聞いた唯一の上州人であったと思われる。

なお、浦造の他にこの講演を聴いていた著名人は、田川大吉郎（衆議院議員）、福田徳三（経済学者）、和田英作（画家）、柏井園《かしわいえん》（伝道者、教育者）などの多彩な人物がいた。

明治 27 年 7 月、箱根における夏期学校の内村の講演記録は、その後、『後世への最大遺物』という冊子になり、今日まで読み継がれた。多くの人がこの書を読んで志を立てたという。内村門下の天野貞祐《ていゆう》（教育者・文部大臣）は、『後世への最大遺物』を読み、「魂の救いを与えられた」と。また、戦後、東大総長を務めた教育者・矢内原忠雄は、ある講演会において、同書に、「私の言いたいことが全部書いてある」と。いずれにしても、浦造は、内村鑑三に出会い、かれの発した言葉を受け止め、その後の人生に生かした。新島襄と内村鑑三の両者に接した上州人は、それほどいないのではないか。

しかし、伝道師生活に満足していなかった浦造に、「汝《なんじ》はかかる事をして居っては何時になっても、神の為にも、有益な、働きは出来ない。何ぞ教育界に立ちて、その間に伝道してはどうか。（中略）教育という時間的の仕事に衣食して、その間に伝道は出来るではないか。直接に道を説くのみが神への奉仕ではない」（「自叙傳」）と、「神の声」があったという。須川・沼田と伝道生活を続けていたが、次第に伝道生活に疑問を感じていた。

沼田での伝道生活に煩悶していた浦造であったが、ここでのちに影響を受けることになる松村介石にも出会う。「（前略）余は始めて、松村先生と直接に面会した。勿論『立志の礎』や『リンコルン』（中略）など、読んでは居たが、つまる所大言壮語のみする人であると見て居った。然るに此頃先生も基督教につきては、大に一般とは考を異にして居ったらしい」（「自叙傳」）と松村との出会いを語っている。松村は明治 22 年、新潟の北越学館に内村鑑三の後任の教頭として赴任。その後、東京に戻り、明治 30（1897）年頃まで、神田の基督教青年会館の講師として活躍。当時、「宗教・哲学・社会問題」に関する講話、特に東西古今の英雄豪傑の伝記を講じて青年に大きな人気があった。松村は一時、内村鑑三・植村正久とともに「三村」と並び称された人物であった。

その後、浦造は松村と長らく交友があったらしく、彼の自叙伝でもある『華甲記念 後凋先生詩文集』に、松村が序文を寄せているほどである。松村は、浦造との出会いを次のように語っている。「余の井上兄と相識りしは、実に三十年以前の往時に在り、当時兄は上州沼田町なる基督教会の牧師たり」（『華甲記念 後凋先生詩文集』序）。浦造と松村が最初に出会ったのは、恐らく明治 27 年頃で、当時浦造は 28 歳で、松村は 36 歳であった。浦造は、伝道生活に行き詰まりを感じたのか、当時東京で人気のあった松村に手紙を送り、講演を依頼した。松村の次の文章からそのことが推察される。「一日予に書を寄せて曰く、請う来たりて当地方青年のために、一場の講演を為せよと」（『華甲記念 後凋先生詩文集』序）。こうして、松村は沼田に来て講演をした。講演後、浦造は松村と親しく接する機会があり、伝道生活に疑問をもっていた浦造が、松村から示唆《しさ》を受けたと思われる。後年、浦造は基督教伝道師を辞め、教育界に転じるが、思想的にも松村の独特な宗教観へと惹かれ、接近していくのである。

第３節　教育者への道

浦造は明治 27 年 12 月、沼田を去ることになり、前橋教会・杉田潮《うしお》牧師を助けることとなった。当時のことを「前橋教会の先輩牧師杉田潮氏に能《よ》く事情を話し沼田を罷《やめ》る事にして、一時前橋に出て杉田牧師を助くる事にした」（「自叙傳」）と記している。「須川基督教会年表」の明治 28（1895）年 1 月の記録にも、「井上浦造前橋教会へ転任」と記載されている。杉田潮は兵庫県出身、やはり同志社で新島襄に学んだ浦造の先輩であった。杉田は

「共立普通学校　第８回 卒業記念 （明治 43 年）」　＊井上浦造 （後列右より 3 番目）、住谷天来 （後列 2 番目）　大間々高校蔵

安中教会を経て、明治24（1891）年には、不破唯次郎牧師の転出後の前橋教会へ招聘されたという。浦造は明治28（1895）年5月、大阪に組合教会の総会、京都に福音同盟会などがあり出席した。そこで教会関係者から、京都の洛陽教会で働いていた婦人を紹介された。浦造は早速、その婦人と結婚することとなる。その婦人は釘本藤子といい熊本県士族の娘で、同志社卒業の新島門下の辻密太郎から洗礼を受け、神戸女子神学校に学び、同校の第1回卒業生となった才女であった。洛陽教会で結婚式が行われ、司式が小崎弘道牧師、小崎夫人の独唱や湯浅吉郎（半月）博士の祝歌などがあり、同級生の友人らも出席したという。小崎弘道は、新島襄死後の同志社社長（校長）であり、浦造の卒業時の社長でもあった。湯浅吉郎は、安中の湯浅治郎の弟で日本初の新体詩集『十二の石塚』を著した人物であった。

こうして、結婚して新たな生活を始めることとなった浦造であるが、これまでの自己の伝道生活を心機一転させるべく、「余は新しき館林を希望した。館林は県内の東南隅なれどまだ、組合教会にては伝道した事もなく、佐野には同志社で、一級上の相澤氏も居る。思う様に働き得らるればよし、然らざれば伝道界を退く、背水の陣である。必ず一新機軸を出して、力の限りを盞さんと、決心したのであった」（「自叙傳」）と述懐している。当時、佐野にいた相澤虎治は、浦造の卒業した前年に別科神学科を卒業した先輩であった。こうして、明治28年8月12日、館林に到着。浦造と妻藤子の新生活が始まった。なお、「須川基督教会年表」にも、明治28年8月に、「前橋教会伝道師井上浦造館林講義所伝道師ニ着任」との記録がある。ただ、なんとしても館林においても、伝道はうまくいかなかった。伝道生活における浦造の苦悩は、さらに深まり、かれ自身の信仰にも変化をもたらしていた。すなわち、「此時代には正統派の所謂《いわゆる》旧神学と、独逸《ドイツ》派の新神学とは、大いに論議されて居た。（中略）実際の伝道というものは、只神の愛と基督の人格と道徳とを説いた方がよい、とはいふものの随分、新旧の調和には苦しんで居ったものが多かったと思われる。余の如きは一面新神学が真理であるかと思われ、（後略）」（「自叙傳」）と言い、信仰上でも苦悩していた。新神学は、海老名弾正・小崎弘道・金森通倫《みちとも》など、特に組合教会系の人々に影響を与えたと言われている。

浦造は、諸先輩や友人にも相談したらしく、「（前略）先輩にも友人にも依り頼むべきではない。是は自分と神との問題である。遂に伝道に衣食する事は断然としてやめると決心した。それぞれこの事を部会に届け出て、その諒解を得た」（「自叙傳」）との結論を出して、ついに伝道生活に別れを告げる決心をした。この館林時代の生活を振り返り、「館林に於ける生活は、一面は新家庭の生活一面は一大煩悶の生活」（「自叙傳」）であったと述懐している。その後、浦造は教育界に転じるべく、明治 30 年に東京へ出た。約２年間、下宿屋を開業しながら独学し、学校を設立すべく準備を進めた。そして、明治 32（1899）年に上州へ帰郷した。

第4章　教育者として

第1節　共立普通学校の創設

明治32年8月17日、井上浦造は、山田郡大間々町桐原（現みどり市大間々町）にある本要寺（日蓮宗）という寺院の境内に、1軒の空き家を借りて、数人の青年に「英語」を教えながら、学校を設立させるべく、準備のため東西に奔走し始めた。

浦造は、のちに学校の創設に関して、「地方教育に於ける経験談」の中で、「田舎には小学校は出たが、中学校に行く丈けの資力がない、然しモ少し勉強したいといふ青年が随分ある、さういふ青年を収容して、平民教育、普通教育を施し、学問技芸よりも精神的に健全なものたらしめ、地方の中堅人物として立つ丈けの素養を與へて世の中に送り出すとすれば、其は仲々意義のある事業である」（原文のまま）と述懐している。

共立普通学校　第9回　卒業記念（明治44年）」
大間々高校蔵
＊井上浦造（後列右から6番目）、住谷天来（前列右端）

そこで、心当たりのある人物を訪ね、自

己の教育観を語り、共鳴者を求めたものと思われる。浦造は、次のように語っている。

「教育なるものは同志と協力して進むべきものである。必ずしも単独でやるべきものではない。否事実単独ではやりきれるものではない。何れにしても同志を得、互に協力を求めねばならぬ。第一に発起者とか主唱者とかいふものを得て設立の方法を講ずべきである」（「自叙傳」）

つまり、単なる個人の私塾的性格の教育機関でなく、公教育（当時の中学校などの機関）に対して、自己の理想（教育機関のない農村部の子弟が通える中等教育機関の設立）を実現させるための学校設立を考えていた。しかし、設立の費用の問題もあるので、浦造は、「郡会議員とか、学務委員とか、小学校長とか町村長、其他の有志者を夫れ夫れの手続きを以て歴訪し、

「共立普通学校　第 17 回　卒業記念（大正 8 年）」＊井上浦造（2 列目右より 3 番目）、岩澤正作（2 列目右より 4 番目）　大間々高校蔵

主唱者たらん事を求め（後略）」（「自叙傳」）ということで、地域の有力者である地方政治家などに協力を求めた。

ようやく、大間々地域で、浦造の考え方に共鳴する人びとが現れ、明治32年12月に創立委員会を開催するまでの運びとなった。翌年の明治33年1月6日、大間々小学校内で創立委員会を開き、浦造らの作成した草案を修正した。2月1日に1町8カ村、当時の勢多郡（粕川村・新里村・黒保根村・東村）[現在は前橋市・桐生市・みどり市の一部]、山田郡（大間々町・川内村・相生村）[現在はみどり市・桐生市の一部]、新田郡（笠懸村）[現在はみどり市の一部]などの有志に、組織と学則を載せた「共立普通中学校設立趣意書」という印刷物を配布した。ここに「共立普通中学校設立趣意書」の一部を抜粋する。

「世界文化の潮流一度我邦に注ぐや、宛然大江《ママ》の決するが如く滔々《とうとう》洋々茲《ここ》に三十余年駸々たる国運、将に欧米を凌《しの》がんとするの概あり、又偉ならずや、然りと雖《いえども》挙国民衆の実力を観察し来れば、吾人は尚多くの企図すべく改善せざるべからざるものあるを認めずんばあらず。堂々たる艦隊、蜿々《えんえん》たる鐵路曰く政治曰く殖産是皆文明の外形にして其実質にあらず。其実質たるや実に国民夫れ自身にありて存す（後略）」（『大間々高校百年史』所収、原文のまま）

すなわち、ここに浦造の歴史観や教育観が見られる。明治維新からすでに約30年が経ち、「文明開化」の方針も西洋文明の導入に伴い進展してきた。また、対外的にも日清戦争に勝利し、近代日本が欧米列強と並び、帝国主義国家の仲間入りをする突破口を見いだしていた時代であった。そこで、浦造はいかに軍備を整え、「富国強兵」の成果を上げても、それは「文明の外形」にしか過ぎないと捉えていた。そして、次のように言う。

「苟も其の国民にして雄大高潔健全たらんか。毅然として列強の間に闊歩《かっぽ》する事を得べきのみ。夫れ何を以て国民夫れ自身の実力を養はんか。今や十九世紀最後の年を迎へたり。夫れ何を以てか二十世紀の活劇場裏に馳聘《ママ》するの人材を養成せんか。教育の根本的事業たる、識者を俟《ま》つて後知らざるなり（後略）」（「自叙傳」）

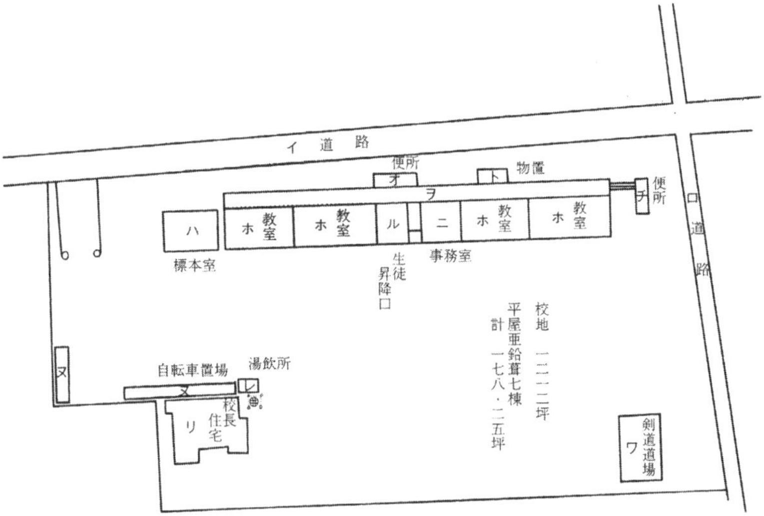

校地 一二一二坪
内借地 三四二坪
イロ 道路
ハ 標本室 一二坪
ニ 事務室 一二坪
ホ 教室 六六坪
ヲ 廊下 二八・五坪
ト 物置 二・五坪
リ 校長住宅 二〇・二五坪
ヌ 自轉車置場 一二坪
レ 湯飲所 一・五坪
ル 生徒昇降口 七・五坪
ワ 剣道道場 一二坪
チ 便所 二坪
平屋亜鉛葺七棟
計 一七六・二五坪
外 オ 便所 二坪

共立普通学校　校舎配置図（大正 13 年 9 月）『大間々高校百年史』から

したがって、真に日本国家に必要なことは、未来に活躍できる人材の育成である。すなわち、「文明の本質」に関わる「雄大高潔健全な国民」を育成するために、「教育」こそが必要であると訴えている。

しかしながら、郷土の教育環境について現状を分析すると、群馬県内の前橋・高崎・太田などのいくつかの都市部には、中等教育機関が存在するが、いまだ空白地域になっている勢多郡東部、山田郡西部などの地域がある。そこで、続けて次のように言う。

> **「子弟をして中等の教育を受けしめんと欲せば、勢ひ他郡の中学に送らざるべからず。其教育上の不便吾人の喋々《ちようちよう》を要せずして明なり。故を以て幾多有望の少年をして、空しく人生修学の好期を失はしむ地方将来の為め慨すべきもの、豈《あに》之れより甚しきものあらんや（後略）」（「自叙傳」）**

つまり、教育の機会に恵まれない地域の青少年のために、教育の場を提供することを目的とし、学校を設立することで、「教育の機会均等」を保障しようと考えていた。このことは、まさに第 2 次世界大戦後に見られる民主主義教育の精神の先駆けではないか。こうして、浦造の教育にかける熱情に共鳴する「主唱者 36 名」が集まった。

彼らの多くは、県会議員・郡会議員・町村長などの地方政治家や浦造の知人である小学校長など、地域の有力者であった。上記、「共立普通中学校設立趣意書」に「主唱者名簿」を添えて近隣地域に配布し、賛助員を募集した。賛助員は 1 年間 3 円（当時の金額）を寄付し、3 カ年継続するのであった。創立発起人として、「山同藤十郎・阿久津直三郎・澤與八郎・松井泰次郎・富澤政八郎・竹内忠蔵《ちゆうぞう》」の 6 人の調印で、竹内忠蔵が代表設立者となった。竹内忠蔵は、当時の勢多郡新里村（現桐生市）の村長で、鼎三の弟。後には県会議員としても活躍した。山同藤十郎・阿久津直三郎・澤與八郎らも、地元である大間々地域の県会議員を務めるなどの有力者であった。

こうして、明治32年3月23日、群馬県当局に出願手続きをしたが、「共立普通中学校」という名称では許可できないということであった。そこで、やむをえず「中学校」の形態をとれずに、「共立普通学校（3年制）」という名称で、明治33年4月10日、当時の古荘《ふるしょう》嘉門《かもん》群馬県知事から、学校設立の認可を得たという。県当局では、「（県立）中学校」並みの扱いをさせずに、あくまでも前年度成立した「私立学校令」による中等教育程度の「私立学校」

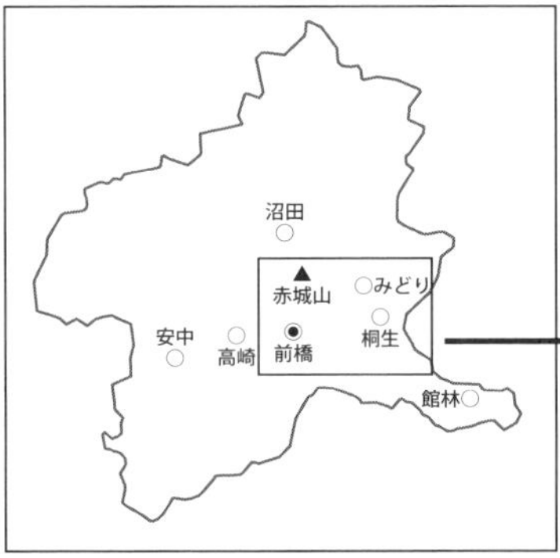

群馬県略図

拡大図

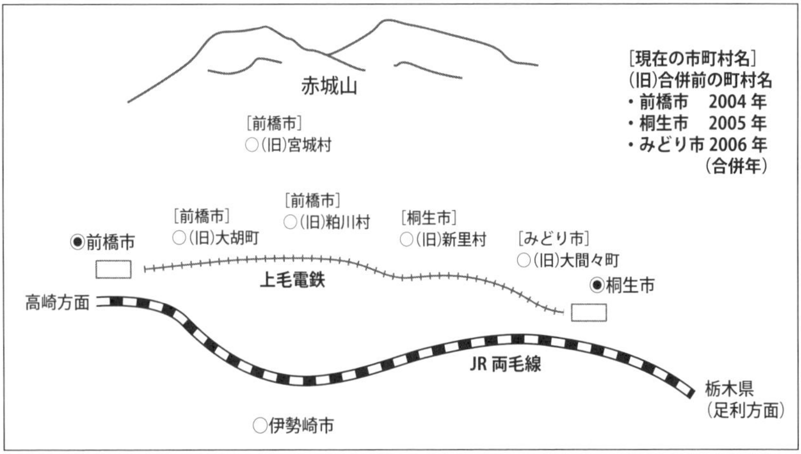

という扱いで認可したものと思われる。

ところで、「共立普通学校」の名称であるが、そこに井上浦造の教育の理想（デモクラシー）が込められていたという。明治36（1903）年2月18日付の、「共立普通学校総則」第１章「本校の組織」第１条によると、「本校ノ組織ハ本校ノ目的ヲ賛スル有志ノ協同ニヨリテ成立ス」（『大間々高校百年史』所収）という条文になっている。

すなわち、「共立」の文字には、教育に熱意のある「有志の協同」により設立された学校を、コミュニティー（地域）で支えるという意味があったのではないか。そのため、「共立普通中学校設立趣意書」を作成し、その趣意に賛同した主唱者を中心として学校経営を行うという形式にしたものであろう。そこに地方政治家など、地域の有力者を主唱者に取り込む必要があった。「普通」の文字には、「デモクラシー」の精神、すなわち、「（県立）中学校」に進学できる都市部の経済的に豊かな家庭の子弟が学ぶ学校ではなく、農山村部の教育の機会に恵まれない多くの人々が学ぶ学校（教育機関）にしたいとの意味合いが込められていたのであろう。

第２節　井上浦造の教育思想

井上浦造の人生にとって大きな転換をもたらしたのが、キリスト教であった。前橋教会の神学生として同志社に学ぶが、キリスト教の伝道師よりも、のちに「教育」にその生涯を懸けたことは、やはり、同志社という学校を創立した教育者・新島襄との出会いが、大きな影響を与えたものと思われる。

浦造は、上州（群馬県）という「地方」に、しかも農村部に位置する当時の山田郡大間々町（現みどり市）に共立普通学校を創設して、約40年近く「地方教育」の普及、発展に関わった。浦造の師でもある新島襄は、「地方教育論」で、当時の教育がすでに東京に一極集中しており、その弊害が顕著に見られることを指摘している。

「和装姿の井上浦造先生」
大間々高校蔵

そこで、新島は、「真正ノ教育ヲ地方ニ布クニ如カス」と述べ、その具体策として、「地方ニ布ントスレハ、先ツ地方ノ有志輩協同一致シテ醵金《きよきん》ヲナシ、其任ニ当ルノ人ヲ撰ミ、上等小学卒業生ノ其ノ校ニ進ミ、高等ナル学科ヲ学ヒ、（後略）」（『新島襄全集1』所収、原文のまま）との意見をもち、「地方」に学校教育を広めることを説いている。さらに、

> **「（前略）卒業ノ上ハ一ト通リノ教育ヲ受タル人トナリ、地方ニマイリ如何ナル役モ勤マリ、県会議員ナリ一会社ノ長ナリ、一ノ農家ノ戸主ナリ、一ト通ノ学問アル上ハ縦令無事ノ日ニハ日向ニアリ各ノ家業事ヲ預ルモ、一旦事アルトキハ地方ノ率先者トナリ、村落ノ骨トナリ、（後略）」（『新島襄全集1』所収、原文のまま）**

と述べ、地方教育の果たす役割を論じている。そして新島は、「（前略）自由ヲ皇張シ又物産ヲススメ、人々ニモヨキ手本ヲ示シ、（中略）却《かえっ》テ身ヲ社会ノ犠牲トナシ、社会ノ進歩ヲ計ルノ人ヲ養成セハ、何ソ振ハサル、我民権ノ起キサルヲ憂ヘン（後略）」（『新島襄全集1』所収、原文のまま）とも述べ、

最後に「海陸軍ヲ増スハ弥末《びまつ》ノ浅論ナリ」（『新島襄全集１』所収）と締めくくっている。すなわち、新島は、「地方」に学校を設立し普及させ、デモクラシー精神に立脚した教育により、多くの人材を育成するために力を尽くすべきだと主張し、当時の富国強兵策をも批判的に捉えていた。

まさに、井上浦造は、新島の「地方教育論」に見られるような教育思想を生かし、「共立普通学校」を設立して、地方の「中等教育」の普及・発展に努め、実践したものと思われる。そこで、『後凋先生詩文集』に所収されている「管窺録」を読み、そこから読みとれる思想についてまとめてみたい。「管窺録」には、浦造の「教育観」、「人生観」、「宗教観」などが、いくつかの項目ごとにわけられ述べられている。とくに「制度にあらずして人なり」を読むと、浦造の教育観を知ることができる。

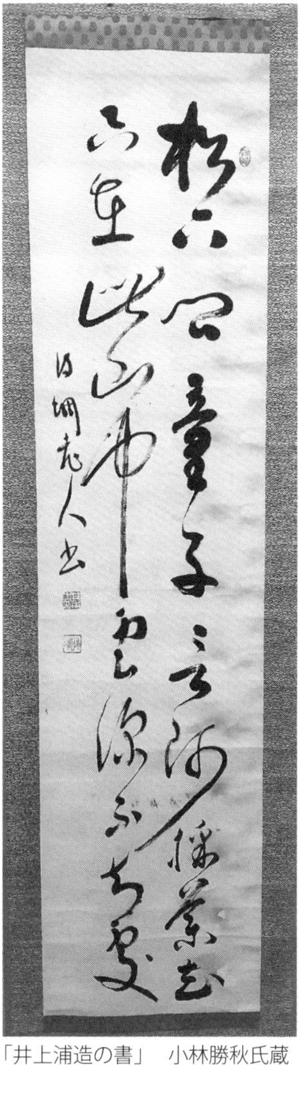

「井上浦造の書」　小林勝秋氏蔵

「教育は人を造るにあり、宗教も人を造るにあり、道徳も政治も皆然りといはねばなるまい。今日政治を改造し経済組織を変更し社会の立直しを主張する。実に結構の事である。されど如何に法律制度を改造した所で之を運用するものは人である。人があって始めて其効果があるので

ある。如何に良制度があつても、人がなかつたらどうすることも出来ない（後略）」（「管窺録」、原文のまま）

と述べ、いかに法律制度を改革しても、「教育」による人づくりをきちんとしなければ、社会は成り立たないと主張している。

このことについては、柏木義円も、『上毛教界月報』第 357 号（昭和 3 年 8 月発行）で、浦造の主張を次のように取り上げている。

「今回の詩文集は門弟達が先生の還暦を紀《ママ》念せんとて上梓せられたるものにて候私は由来我上毛地方に於ける事業にして先生の該事業に勝さるものは之有間敷と相考へ居候（中略）我［が］井上先生に至つては更に聞達を世に求めず隠れたる教育家として終始し居らるるは（後略）」（原文のまま）

と述べ、義円は、浦造の教育者としての姿勢を高く評価している。

また、義円は、「『制度にあらずして人なり』との文は先生教育上の抱負を見る可くと被存候」として、「教育は人を造るにあり（後略）」の文を前掲の『上毛教界月報』第 357 号に、続けて引用し転載している。そして、義円は、「共立普通学校」について、「今や五百の交友大間々町を中心として附近村落に散在し或は村長となり或は議員となり郷党の有志者となりて（中略）百年の計は人を植ゆるに在り先生の樂地羨《うらや》ましく存候（後略）」（『上毛教界月報』第 357 号）と述べ、浦造の創設した「共立普通学校」の意義を的確に捉えている。

浦造は、自身の教育観について、次のように主張している。

「（前略）報酬を眼中に措《お》かない他人の為めに、同胞の為めに奉仕の

生活を送り犠牲の精神を以てそれを楽みとして居り、人知らずしかも意となさず、喜んで働いて行くやうな君子人があつたら、若くはそれに近い様な人が多数あつたら、此社会はもつと住み心地能くなるであろう、であるから制度の改廃も大切に相違ないが、より以上に人を教育する事が大切であると考へられる（後略)」(「管窺録」、原文のまま）

すなわち、どんなに制度上の改革をしても、肝心な人間をいかに教育するかが大切であると説いている。つまり、浦造の教育思想の根底には、社会に奉仕できるような人間を育てる「人格教育」を尊重することがあったと思われる。そして、「私の理想」と題した文章の中でも、「要するに教育は人である。設備でもない、校舎でもない、生徒の多数でもない、年限の長い事でもない、善い教師、善い校長それである、それさえあれば人材は出来る（後略)」(『大間々高校百年史』所収）と、自身の「共立普通学校」での教育実践の本質について語り、教育は、「天ヨリ与ヘラレタル使命」(『大間々高校百年史』所収）であったことを述懐している。つまり、「社会奉仕の人格を研く教育」こそ、普遍的な教育の理想であり、その理想を実現すべく創設した教育機関が、「共立普通学校」であった。

第３節　共立普通学校に学んだ生徒たち

ここでは、「共立普通学校」に学んだ卒業生について、彼らの回想を中心として、井上浦造の人となりや当時の学校生活、他の教師たちの姿について述べてみたい。「共立普通学校」での教育は、校長である井上浦造の教育理念をもとにして成り立っていた。すなわち、「共立普通中学校設立趣意書」の趣旨によると、地域教育力の向上を目指すことを目的としており、対象としていた生徒は、主に大間々町を中心とした農山村部に住む家庭の子弟であった。したがって、養蚕などの繁忙期には、「養蚕休暇」を取り入れたり、教育課程にも「農学」を導入するなどの工夫もしていた。

明治 44（1911）年 3 月に卒業した女井米吉の回想がある。

「共立普通学校　第 33 回　卒業記念（昭和 10 年）」＊井上浦造（前列右から 4 番目）、岩澤正作（前列右から 5 番目）　大間々高校蔵

「私の入学したのは明治四十一年四月、当時全校生徒数三学年三学級併せて四十名位で先生は井上先生以下四名、井上先生は修身、国語、漢文、書道を担当され課外に剣道を教えていただきました（後略）」（『大間々高校百年史』所収）

と述べており、明治後期になっても、浦造が「修身」における精神講話のほか、「国・漢」「書道」などを教えていた。また、「剣道」についても次のような回想がある。

「（前略）この剣道たるや先生が自己の体育の一環として極めて愛好していた運動であると思ったのか、正規の授業が終わると直ちに家庭に帰って防具を付けて校庭に出て生徒を待つという始末で（中略）この気迫はやがて先生の若い時代から培われたまけじ魂が共立普通学校として三十年余り一貫して生徒と共に自己の蘊蓄《うんちく》を傾けて育英事業に没頭出来た所以だと思って居ります」（『大間々高校百年史』所収）。

この回想を残した女井米吉は、卒業後、大正６年から母校に勤務した教員で、「共立普通学校」が廃校し、その後「町立農学校」になっても学校に残り勤務した人物であった。大正２（1913）年３月に卒業した今泉亀雄（後に勢多郡新里村村長となる）の回想によると、

「私が入学したのは明治四十三年四月国鉄足尾線の工事中でした。（中略）級の首席を占めた関口己代次君（後須永家の養子）は卒業後帝大（東大）の工科に入り大学卒業後直ちに九州の八幡製鉄所に入り（中略）一級下に黒保根の新井蓮太郎君がおりこれまた帝大を卒業。

粕川村の伴内徳司君は海軍少将と私の上下の級は秀才がおりました。県会議員になった伴内金市氏（徳司君実兄）田口誠逸氏（のちに同校教員）は一級上でした」（『大間々高校百年史』所収）

と当時の卒業生の動向を伝えており、生徒の中には帝大に入学するような英才もいたことが分かる。さらに、「当時は自転車も少なく徒歩で宮城粕川から遠い者は二里半（約 10 Km）の道を通い、東村（勢多）あるいは遠い方は大間々町に近い親戚から通学しました」（『大間々高校百年史』所収）とも述べている。なお、筆者の母方の祖父も大正末期に共立普通学校に学んでいた。旧宮城村鼻毛石（現前橋市鼻毛石町）の実家から朝早く起き、徒歩で通学していたという。ちょうど、在学中に関東大震災に遭遇したとのことで、その時の様子を語ってくれた。また、「浦造先生」からは、新島襄についての講話（エピソード）を聞かされていたという。

浦造以外の教員について、今泉亀雄は、

「井上校長先生の他に住谷天来先生（群馬郡旧国府の生まれ「十九世紀の予言者」の翻訳で有名な方）は海水浴中耳に水が入りそのため耳を悪くし耳が遠かった。（中略）住谷先生より色々な話を聞きました。そんな関係で先生のことも知りクリスチャンで親米派で（後略）」（『大間々高校百年史』所収）

と述べ、住谷天来の教師としての姿を回想している。その他の教師については、

「（前略）数学を北半次先生、僅で田口誠逸先生とかわりました。須藤三治郎先生の後を国語を竹内謙三郎先生に教えを受けました。先

生は駿河台のニコライ大学出身でロシア語が堪能のため日露戦争で樺太をとった際、北緯五十度境界線を定める際通訳として参りそれが済んで帰郷し体があいていたので教師になった（父の竹内忠蔵氏は学校設立者の一人であった）先生は科外にロシア語を教えると云いましたが、誰も英語さえよく出来ないから教えを受けませんでした」（『大間々高校百年史』所収）

と述べ、竹内教師の経歴なども伝えている。また、今泉亀雄は、松村介石が講演のため来校した時のことを、「道の会の松村介石先生が来校講演を聞き、その時の一節『わけ登る麓の道は多けれど高嶺の月は一つなりけり』馬鹿の一つ覚えで忘れられません」（『大間々高校百年史』所収）と講演内容の一部を回想している。

大正 4（1915）年 3 月に卒業した角田頼彦の回想によると、

「私が入学したのは大正二年四月でありました。（中略）質実剛健の校長先生は花も実もある桃を愛したのです。（中略）学校に読書部、庭球部、剣道部とあって一人会費が五銭であった。（中略）私は剣道部に入って井上先生・岩澤先生から教育を受けました」（『大間々高校百年史』所収）

と述べ、浦造と岩澤正作が、剣道の指導に当たっていたことが分かる。さらに続けて、

「校長先生は常に仰せられた、私は名利に走らず国家百年の大計たる郷土の子弟を養成する為に、次代を担う青年を養う為に此処に学校を開いたのである。皆も郷土の柱となって社会に奉仕せよと仰せら

れた」（『大間々高校百年史』所収）

ということで、生徒たちに常々学校設立の目的を説き、地域社会で活躍できる人間になるように訓示していたことが分かる。なお、角田の卒業式の訓辞として、浦造が次の内容を語ったという。

> 「御前達学校を卒業して世の中に出るのは獅子が谷から落とされたようである。世の中は甘くはない。色々の困難に邁進するであろう。其の時に勇猛心を起こして百折不撓《ふとう》、千挫屈せず己に打ち克って努力し勇猛心を起こして忍耐と飛躍と或る時は鯉の滝登りの如く常に進歩努力を忘れず真剣に此の今日の訓示を忘れず身につけて実行するようにと話されました」（『大間々高校百年史』所収）

こうして、「共立普通学校」は、昭和 13 年の廃校を迎えるまで、多くの卒業生を輩出した。彼らの多くは地域に残り、家業の農業などを継いだが、生徒の中には上級学校へ進学したり、地域の政治にたずさわる者もいた。

主な卒業生に、大間々町の町長になった近藤春吉、同じく新里村村長になったのが、岩崎清治・鎌塚栄作、福岡村（現みどり市）村長の松島保衛、県会議員になった須藤利雄など、地方の政治家として活躍した人々がいた。浦造の教育の成果として、農村地域のリーダーを輩出することができたのである。

そんな中で、途中でやむをえず学校を去った生徒もいただろう。卒業しなかったが、一時期この学校で学んだ生徒に、のちに詩人として著名になった東宮七男がいた。七男は、明治 30 年 6 月 4 日、勢多郡宮城村苗ヶ島（現前橋市苗ヶ島町）の豪農の家に生まれた。東宮家は地域でも古くからの名家で、代々名主を務めるような家柄であった。また、東宮家は浦造の実家とも近く、七男の父は、浦造も師事した斎藤多須久の門人でもあった。

七男は、明治 45（1912）年 3 月に宮城村立宮城尋常高等小学校（現前橋市立宮城小学校）を卒業する。そして、七男の回想によると、「上級学校志望が僕一人なんですよ。交通が不便だったものだからねえ。僕は四月に大間々の共立普通学校に、その二学年に編入したんです。校長が宮城村出身の井上という同志社を出た人です。やっぱり体が弱かったもんだから、あそこは何里くらいあったかなあ、通うんがおおごとでね」（『風雷』第 84 号）と述べている。

同期の小学校卒業生五十有余人のうち、上級学校に進学したのは、七男ただ一人であったという。ところが、理由などは不明であるが、大正元（1912）年 8 月で退学してしまう。わずか、半年ほどの在学であったが、「共立普通学校」の教育を受けた。その後、大正 2（1913）年に、勢多郡教育会主催の小学校准教員養成所に入所する。

この頃、遠縁にあたる前橋中学校（旧制）に在学していた萩原恭次郎と親交を結んだ。恭次郎ものちに「詩人」として著名になる人物であった。大正 3（1914）年には、母校・宮城村小学校の代用教員となるが、1 年で退職。大正 4（1915）年には、群馬県師範学校第一部（現在の群馬大学教育学部）に入学。七男はこの頃、友人を介して前橋在住の詩人・萩原朔太郎と面会している。大正 9（1920）年には、群馬県師範学校を卒業。

大正 10（1921）年 9 月には、赤城山開発問題が起こって、七男らは「赤城山名勝保護会」を結成し、赤城山開発に反対し赤城山の自然景観を守る運動を始めた。この時の「赤城山名勝保護会」の趣意書は、井上浦造が起草し、当時の群馬県下に配布されたという。その主な発起人メンバーは、勢多郡や大間々町に住む地域の文学青年の有志であり、「田口誠逸・長澤三郎・赤城三吉（東宮七男）・霜田羊吉（奈良宇太次）・須藤泰一郎・中沢豊三郎」らであった。田口は、共立普通学校教員、長澤も共立普通学校の教員（詩人・歌人）として活躍。東宮・奈良らは当時小学校教員、須藤・中沢らも、「歌人」として活躍していた面々であった。（『暮鳥・拓次・恭次郎』）

井上家の墓

また、「炉端の詩人」とも称されている須永善晴がいる。善晴は、大正7年に共立普通学校を卒業し、特に井上浦造にかわいがられた。その後、浦造の旧宮城村馬場（現前橋市馬場町）の実家を継いだ弟才吉の次女里うと結婚。浦造夫妻が媒酌人を務めた。善晴は詩作に関心を持ち、詩人百田宗治に師事したり、伊藤整やサトウハチローとも交わったという。ただ、不慮の事故により、昭和28年に亡くなった。善晴の没後、娘の椎名節子氏が手島仁氏（当時、大間々町誌編纂委員・県立吉井高等学校教諭）と協力して、善晴の遺稿が、『須永善晴遺稿詩集「炉端」』として刊行された。

第5章　井上浦造の思いを「後世」に

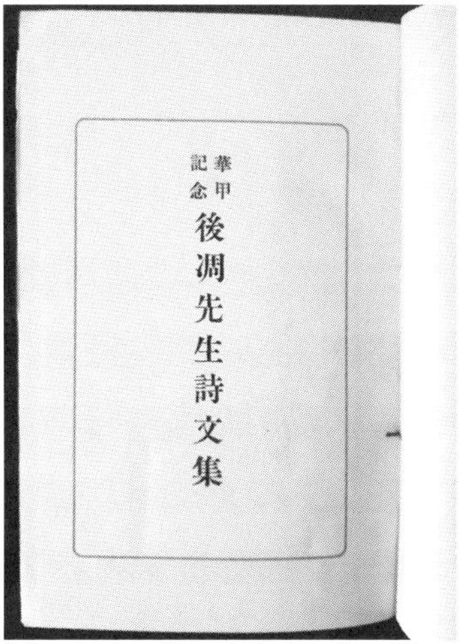

『華甲記念　後凋先生詩文集』（後凋詩文集刊行会）

昭和3（1928）年6月、井上浦造の「還暦の祝」として刊行されたのが、井上浦造著『華甲記念　後凋先生詩文集』である。この詩文集は、共立普通学校の教え子たちが、「後凋先生詩文集刊行会」を組織し、出版した本である。「後凋」とは浦造の号である。その由来は、『論語』の一節、「子罕《しかん》第九」にある「子曰、『歳寒、然後知松柏之後彫也』」（子曰く、『歳寒くして、然る後に松柏の彫《しぼ》むに後るることを知るなり』）の「後彫（凋）」にあるという。浦造（後凋）は、漢詩文などを得意とし、『華甲記念　後凋先生詩文集』には、浦造の「自叙傳」「漢詩」「和歌」などが所収されている。

井上浦造が創設した共立普通学校は、昭和13年に廃校されたが、井上浦造の功績を記念し、「井上後凋（浦造）先生頌徳碑」（49頁参照）が、同校敷地に建立された。同頌徳碑の一節には、「育英是務　日夜是労　不為名惑　不為利撓　噫嘻松柏之節　歳寒始後凋」（子供の教育に日夜務めた。名誉のためでもなく、利殖のためでもなかった。先生の功績は、松や柏のように、冬寒くなってもしぼむことがない。＊筆者訳）と刻まれている。

その後、同校は、町立大間々農業学校（当時）として再生し、昭和23（1948）年に町立大間々高等実科女学校（当時）を併合して、新学制により

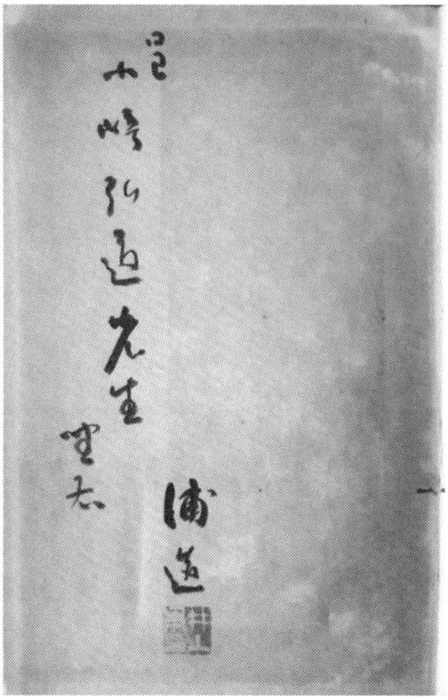

井上浦造が、小崎弘道に献呈した自署入りの「『華甲記念　後凋先生詩文集』（後凋詩文集刊行会）

群馬県立大間々高等学校として新たに出発した。以後、同校において高等教育がなされ、井上浦造の教育精神が脈々と受け継がれた。昭和 42（1967）年には、同窓生が中心となり、井上浦造の胸像（7頁参照）が完成した。平成 2（1990）年には創立 90 周年を迎え、社会科臨時教員として勤務していた筆者は、同校の文化祭（紅陵祭）において、社会研究部の生徒と共に「共立普通学校創設者・井上浦造先生の足跡」（当時、筆者は東京に住む井上浦造の孫・今泉博之氏を訪ね、浦造先生に関する資料などを提供していただいた）について調べた。平成 12（2000）年には創立 100 周年を迎え、同校の歴史をまとめた立派な学校史である『大間々高校百年史』（群馬県立大間々高等学校）が刊行された。平成 22（2010）年には、『かぐわしき緑の丘べ　創立 110 周年記念誌』（群馬県立大間々高等学校）が刊行された。また、同年 10 月には、創立 110 周年を記念して、共愛学園前橋国際大学教授（現在は同大学名誉教授）宮崎俊弥氏により、「大間々高校の創立者 井上浦造」と題した講演がなされた。こうして、令和 2（2020）年には、創立 120 周年を迎えた。

なお、井上浦造については、浦造の出身地（現前橋市馬場町）でも、平成 16（2004）年に、宮城村（当時、櫻井敏道村長）の時代に、生涯学習家庭部会の小林勝秋氏（馬場町在住）らが中心となり、「大間々高校創設の祖 井上浦造」について学ぶ地域住民の集いが開催された。（平成 16 年 8 月 23 日付「上毛新聞」）

平成 17（2005）年には、群馬県立歴史博物館において、『上州人とは、群馬学確立に向けて　群馬の肖像Ⅱ』と題するテーマ展示が開催され、「『上州人とは』－内村鑑三と住谷天来をめぐる人々－」で、「井上浦造」が取り上げられた。

平成 25（2013）年には、群馬県立土屋文明記念文学館において、第 80 回企画展『新島襄生誕 170 年記念　襄と八重の上州－新島襄がこの地に播いた種－』が開催され、「新島襄の精神を受け継いだ人々」の中で、「井上浦造」が取り上げられ、手島仁氏（当時、前橋市政策部文化国際課副参事）が、「世に知られざる徳人－黒澤長吉と井上浦造－」と題して、浦造を論じた。また、同年、群馬県立女子大学主催、第 25 回群馬学連続シンポジウム『県令・楫取《かとり》素彦《もとひこ》－薫陶と遺産－』が開催され、その中で井上浦造が『修身説約』に学んだ人物として紹介された。

平成 28（2016）年には、前橋市の「みやぎふるさと地域づくり推進協議会（自然歴史文化部会）」において、地元の櫻井敏道氏（旧宮城村最期の村長、苗ヶ島町在住）や小堀信衛氏（市之関町在住）らが中心となり、筆者（鼻毛石町在住）の講演「郷土の偉人 井上浦造先生を語る」が、前橋市馬場町集落センターで開催された。（平成 28 年 1 月 27 日付「上毛新聞」）

このようにして、旧宮城村（現前橋市）出身の井上浦造は、創設した共立普通学校（現県立大間々高等学校）はもちろんのこと、生まれた前橋市、群馬県内においてもその活躍が語られ、顕彰され、今日に至っている。

むすび

井上浦造は、幕末の赤城山南麓の農家に生まれ、「明治」「大正」「昭和（戦前・戦後）」を生き抜いた。彼の生涯は、大きく分けるといくつかの時代に区分できる。幼少年期を過ごした赤城山南麓（旧宮城村）時代。キリスト教を知った青年期の前橋時代。新島襄に学んだ京都・同志社時代。群馬県内各地でのキリスト教伝道師時代。教職準備のために過ごした東京時代。上州に帰郷後、創設した「共立普通学校」校長時代。

こうして過ごしたそれぞれの時代において、かれに大きな影響を及ぼした人物がいた。まず、青年期に前橋・幽谷義塾で出会った住谷天来、同志社での恩師新島襄、同じく先輩の柏木義円、キリスト教伝道師（沼田教会）時代に出会った内村鑑三。内村の「後世への最大遺物」の講演は、その後の浦造の生涯に大きな指針を与えた。こういった人々との交遊関係が、井上浦造の思想や人生に大きな影響を与えたと思われる。

いずれにしても、浦造は明治時代の中頃に群馬県地方に広まったキリスト教思想を受容した。そして、新島襄との出会いが、キリスト教主義の学校・同志社に学ぶきっかけとなり、そこでピューリタニズムや近代デモクラシーの精神を体得した。その結果、浦造は「教育者」としての新島襄の志を継承すべく、「共立普通学校」を創設することになった。新島襄は、明治の半ばに病没するが、柏木義円や住谷天来は「非戦平和の思想家」として昭和時代まで活躍した。特に浦造は、柏木義円の『上毛教界月報』、住谷天来の『聖化』といった雑誌に小論や紀行文、ときには自己の信条や時勢を憂いた漢詩などを載せた。井上浦造は、キリスト教思想を受容したが、松村介石との出会いなどもあり、次第に松村の独特な宗教観に共鳴した。

教育者としての浦造は、特に「地方教育」を重視した。真に国民にとって必要なのは、「文明の本質」に関わる「雄大高潔健全な国民」を育成する「教育」こそが必要であるとして、「共立普通学校」を設立した。同校の教師として短期間ではあるが、若き日の平井晩村や盟友の住谷天来を教師として迎えた。また、松村介石といった思想家を招き講演を依頼した。そして、「大正」「昭和」と長きにわたり、教頭格として浦造の教育を助けた博物学者・岩澤正作という個性豊かな教師と共に、約 40 年間の学校教育を成し遂げた。

すなわち、井上浦造の教育思想は、単なる「知育」を主とする教育ではなく、「徳育」を重視する教育であった。浦造が自ら作詞した校歌の一節に「社会奉仕の人格を研《みが》く我等の普通校」という言葉がある。まさに「共立普通学校」の教育の特色は、「人間教育」「人格を磨く教育」を実践する学校であった。また、「共立普通学校」は、群馬県地方でもいわゆる農村地域の子弟達

「井上後凋（浦造）先生頌徳碑」
大間々高校

「井上後凋（浦造）先生頌徳碑」（裏面）「共立普通学校校友会建之」

を育てるべくして設立された学校であった。明治時代中期に、真の国民教育を普及させるべく孤軍奮闘した姿は、まさに新島襄の教育の志を継承し、「地方教育」を推進、確立させた功績は大きいものがあった。同校で学んだ生徒の多くは、地域で活躍する良識ある住民となった。

ただ、最初から「共立普通学校」の経営には、苦しいものがあったようである。「共立普通中学校趣意書」をつくり、地方政治家、あるいはそれに賛同する同志に呼びかけ、設立当初は、「(旧制) 中学校」を目指していた。しかし、群馬県当局の指導により、「私立学校令」による私立学校(「共立普通学校」)として認可された。

こうした「共立普通学校」の教育に対して、同志社での先輩でもある柏木義円は、『柏木義円日記』大正 15 (1926) 年 10 月 16 日の中で、「井上氏ノ事業ノ実ニ地方ノ事業トシテ稀ニ見ル有益ノ事業ナリト思フテ嬉シク、且ツ崇敬ノ心ヲ深クシタリ。(中略) 隠レタル本当ノ事業ナルヲ喜ブ」(原

「群馬県立大間々高等学校校舎」(令和３年)

文のまま）と記し、井上浦造の共立普通学校での教育を賛辞していた。

さらに、『上毛教界月報』第341号（昭和2年3月発行）でも、義円は、「松下村塾に於ける吉田松陰、慶應義塾に於ける福澤先生、同志社に於ける新島先生、女子大学に於ける成瀬仁蔵《なるせじんぞう》氏、大間々普通学校に於ける井上浦三［造］氏の如き中心人物たる教育家あらば（後略）」（原文のまま）と述べ、日本のすぐれた教育者と並び称して、「共立普通学校創設者・井上浦造」を高く評価していた。

あとがき

私が、「井上浦造」という教育者を知ったのは、大学卒業後、大間々高校で臨時教員をしていた時のことです。あれから、30数年が過ぎ、今回、「前橋学ブックレット」の一冊として発刊できることになり、とても感慨深いものがあります。

「井上浦造」は、群馬の生んだ世界的な偉人、上毛かるたでお馴染みの「平和の使徒　新島襄」「心の燈台　内村鑑三」の両者の影響を受けた教育者です。「井上浦造」が生まれた赤城山南麓の旧宮城村（現前橋市宮城地区）は、私の両親、祖父母の故郷でもあります。特に母方の祖父（明治生まれ）は、養蚕農家に生まれ、赤城山南麓の村から、井上浦造先生の「共立普通学校」に学んだことを誇らしく私に語ってくれました。

まず今回、このような執筆の機会を与えていただきました群馬地域学研究所代表理事・手島仁先生（当時は前橋学センター長）をはじめ、日頃より懇切なご指導をいただいている共愛学園前橋国際大学名誉教授・宮崎俊弥先生、高崎商科大学特任教授・熊倉浩靖先生（当時は群馬県立女子大学教授）に感謝申し上げます。

最後になりますが、本稿の作成（写真の撮影・提供など）にあたって、前橋市馬場町在住の井上俊弘氏（井上浦造の実家の子孫）、宮城地区の小林勝秋氏、櫻井敏道氏、星野保次氏、登山丈志氏、大間々高等学校関係者の皆様方などには、大変ご協力をいただきましてありがとうございました。

〈参考・引用文献〉

・『苗島学校沿革誌』 1884 年（群馬県立文書館所蔵）
・原田章吉編『湖畔論集』 十字屋書店 1894 年（国立国会図書館所蔵）
・井上浦造「故新嶋襄先生に就て」『山田郡教育會雑誌』第 60 号 1903 年(群馬県立図書館所蔵)
・豊国義孝編『上毛及び上毛人』第 54 号 上毛郷土史研究会 1921 年
・井上浦造『華甲記念 後凋先生詩文集』 後凋詩文集刊行会 1928 年
・渡瀬常吉『海老名弾正先生』 龍吟社 1938 年
・井上浦造「地方教育に於ける経験談」『道』第 387 号 道社 1940 年
・萩原進『群馬県史 明治時代 第4分冊教育・社会編』 高城書店 1959 年
・群馬県教育史研究編さん委員会編『群馬県教育史 第二巻（明治編下巻）』朝日印刷工業 1973 年
・宮城村誌編集委員会編『宮城村誌』 宮城村役場 1973 年
・東宮七男『渦の中から』 前橋謄写堂 1974 年
・関俊治、他『暮鳥・拓次・恭次郎』 みやま文庫 1978 年
・同志社編『同志社百年史 通史編一』 1979 年
・同志社編『同志社百年史 資料編一』 1979 年
・田中浩編『近代日本におけるジャーナリズムの政治的機能』 御茶の水書房 1982 年
・新島襄全集編集委員会編『新島襄全集 1・教育編』 同朋舎出版 1983 年
・内村鑑三『後世への最大遺物・デンマルク国の話』 岩波文庫 1983 年
・『上毛教界月報（復刻版） 第8巻』 不二出版 1984 年
・『上毛教界月報（復刻版） 第9巻』 不二出版 1984 年
・新島襄全集編集委員会『新島襄全集 5 日記・紀行編』 同朋舎出版 1984 年
・杉井六郎『遊行する牧者 辻密太郎の生涯』教文館 1985 年
・東宮七男「思いつくままに」『風雷』第 84 号 煥乎堂 1985 年
・鼻毛石のあゆみ編纂委員会編『鼻毛石のあゆみ』 1986 年
・新治村『新治村史料集』（第三集復刻） 朝日印刷工業 1987 年
・日本キリスト教歴史大事典編集委員会『日本キリスト教歴史大事典』 教文館 1988 年
・久保千一『柏木義円研究序説 上毛のキリスト教精神史』 日本経済評論社 1988 年
・沼田教会創立百周年記念事業百年史編集委員会『沼田教会百年の歩み』 日本基督教団沼田教会 1989 年
・『復刻版 聖化（上）』 不二出版 1990 年
・群馬県史編さん委員会『群馬県史 通史編7 近代現代1』 朝日印刷工業 1991 年
・新島襄全集編集委員会『新島襄全集8 年譜編』 同朋舎出版 1992 年
・鵜沼裕子『史料による日本キリスト教史』聖学院大学出版会 1992 年
・日本基督教団前橋教会教会史編集委員会『前橋教会史 110 年の歩み』 朝日印刷工業 1996 年
・新里村百年史編纂委員会『新里村百年史』 新里村 1996 年

・同志社大学人文科学研究所監修『キリスト教記事総覧第 2 巻（IIの1） 東京毎週新報・基督教新聞・東京毎週新誌・基督教世界』 日本図書センター　1996 年　マイクロフィルム所収（聖学院大学図書館所蔵）

・加藤正夫『宗教改革者・松村介石の思想 東西思想の融合を図る』 近代文芸社　1996 年

・江連隆『論語と孔子の事典』 大修館書店　1996 年

・須永善晴『須永善晴遺稿詩集「炉端」』 椎名節子　1997 年

・前橋文学館編『東宮七男　その文学運動の軌跡』 前橋文学館　1997 年

・飯沼二郎・片野真佐子編『柏木義円日記』 行路社　1998 年

・萩原俊彦『近代日本のキリスト者研究』 耕文社　2000 年

・群馬県立大間々高等学校編『大間々高校百年史』 群馬県立大間々高等学校　2000 年

・竹中正夫『ゆくてはるかに 神戸女子神学校物語』 教文館　2000 年

・関口克巳『岩澤正作―人と業績―』みやま文庫　2000 年

・大間々町誌編さん室『大間々町誌　通史編　下巻』 大間々町誌刊行委員会　2001 年

・丑木幸男『評伝 高津仲次郎』 群馬県文化事業振興会　002 年

・日本基督教団高崎教会『日本基督教団高崎教会一二〇年史』 シャローム印刷　2004 年

・『宮城村合併記念誌』 宮城村　2004 年

・群馬県立土屋文明記念文学館編『群馬の詩人―近現代詩の革新地から―』 群馬県立土屋文明記念文学館　2004 年

・群馬県立博物館編『上州人とは、群馬学の確立に向けて 群馬の肖像II』 群馬県立博歴史物館　2005 年

・同志社編『新島襄の手紙』 岩波文庫　2005 年

・鈴木範久『我々は後世に何を遺してゆけるのか ―内村鑑三『後世への最大遺物』の話―』 学術出版会　2005 年

・本井康博『ひとりは大切 新島襄を語る（二）』 思文閣出版　2006 年

・上毛新聞社編『群馬新百科事典』 上毛新聞社　2008 年

・群馬県立大間々高等学校編『かぐわしき緑の丘べ 創立 110 周年記念誌』 朝日印刷工業　2010 年

・手島 仁『群馬学とは』 朝日印刷工業　2010 年

・大﨑厚志「新島襄と共立普通学校創設者・井上浦造」『ピューリタニズム研究』第 5 号　日本ピューリタニズム学会　2011 年

・群馬県立土屋文明記念文学館編『新島襄生誕 170 年記念 襄と八重の上州 ―新島襄がこの地に播いた種―』 群馬県立土屋文明記念文学館　2013 年

・手島仁『前橋学ブックレット②羽鳥重郎・羽鳥又男読本』 上毛新聞社　2015 年

・群馬県立女子大学編『群馬学連続シンポジウム 群馬学の確立にむけて 6』 上毛新聞社　2015 年

・大﨑厚志「斎藤玉男 医学博士の生涯」『群馬文化』第 339 号　群馬県地域文化研究協議会　2020 年

〈井上浦造　略年譜〉

1867［慶応3］年			上野国勢多郡馬場村（現群馬県前橋市馬場町）に農家の長男として誕生。
1875［明治8］年	（9歳）		勢多郡苗ヶ島小学校（当時は金剛寺にあった。後に宮城小学校）に入学。
1881［明治14］年	（15歳）		苗ヶ島小学校卒業後、農業に従事する。
1882［明治15］年	（16歳）		前橋に出て、杉山鎮平(元前橋藩士)家の書生になる。（なお、杉山家は正教信者であり、この頃キリスト教を知る）
1883［明治16］年	（17歳）	9月	苗ヶ島小学校の授業生（代用教員）となる。
1884［明治17］年	（18歳）		前橋紺屋町の会堂で海老名弾正に出会う。
1887［明治20］年	（21歳）	2月6日	前橋教会不破唯次郎牧師より受洗。杉山鎮平の勧めにより、前橋百軒町　幽谷義塾（蜂須長五郎主宰）に入塾。（同塾にて、住谷天来らと学ぶ）前橋教会で同志社に学ぶことを勧められる。（前橋教会の神学生5人のうちの1人として）
1888［明治21］年	（22歳）	8月	佐竹篤(同志社学生)、高島房次郎（月田小学校）らと共に、伊香保の千明氏の別邸にいる新島襄を見舞う。
		9月16日	高津仲次郎らと共に前橋桑町住吉屋にいる新島襄を訪ねる。入学を許可される。（18人）同志社神学校別科1年生となる。
1889［明治22］年	（23歳）	この頃	「上毛青年会」会員となる。
1090［明治23］年	（24歳）	1月23日	同志社創立者・新島襄死去。（葬儀に参列し、御棺に手を触れる。小崎弘道校長の説教を聴く）
1891［明治24］年	（25歳）		同志社夏期休業のため、実家（群馬県）に帰省し、夏期伝道をする。『同志社文学雑誌』に上州地方の代表として報告文を載せる。
1892［明治25］年	（26歳）	6月24日	同志社神学校別科を卒業する。
		8月	群馬県利根郡新治村須川（現群馬県みなかみ町）で伝道を開始。
		10月	西群馬教会（高崎教会）伝道師に就任。
1893［明治26］年	（27歳）	10月	群馬県沼田町（現沼田市）に沼田講義所を開設し、伝道をする。この頃、星野光多の兄弟たちに英語を教える。

1894［明治27］年（28歳）	この頃	松村介石が沼田に来訪し、交友関係をもつ。
	7月	日本キリスト教徒第6期夏期学校（箱根）で、内村鑑三の講演「後世への最大遺物」を聴き感銘を受ける。
1895［明治28］年（29歳）	1月	前橋教会牧師・杉田潮を助けるため、前橋に転任する。
	5月	釘本藤子（熊本県出身・神戸女子神学校卒）と結婚
	8月	館林で伝道を開始する。
1897［明治30］年（31歳）	2月	東京へ出る。（下宿屋を始める） この頃、学校設立のための準備（調査研究）をする。
1899［明治32］年（33歳）		東京を離れ、群馬県へ帰郷。
	8月	群馬県大間々町（現群馬県みどり市）の本要寺で英語を教える。
1900［明治33］年（34歳）	4月	「共立普通学校」の設立の認可、開校。 ※柏木義円、住谷天来らとの交友
1938［昭和13］年（72歳）		「共立普通学校」は、廃校になり、大間々町立大間々農学校となる。※群馬を離れ、東京で生活
1952［昭和27］年（86歳）	4月5日	東京都世田谷区の自宅で死去。

※本年譜は、井上浦造『華甲記念　後凋先生詩文集』所収の「自叙傳」及びその他の資料をもとに、筆者が作成したものである。

大﨑厚志／おおさき・あつし

1964年　前橋市生まれ。

聖学院大学大学院政治政策学研究科（修士課程）修了。群馬県内の高校等の臨時教員を経て、福島県の公立高校に採用される。「東日本大震災」後の2012年、福島県立白河高等学校にて退職。故郷の群馬県前橋に帰郷。帰郷後は、高校の教職（社会科）勤務の傍ら、群馬県立女子大学群馬学センターリサーチフェロー（第2期～第5期）として、群馬県地域の歴史について学ぶ。

現在　前橋育英高等学校非常勤講師として勤務。
　　　群馬県地域文化研究協議会会員など。

創刊の辞

前橋に市制が敷かれたのは、明治25年（1892）4月1日のことでした。群馬県で最初、関東地方では東京市、横浜市、水戸市に次いで4番目でした。

このように早く市制が敷かれたのも、前橋が群馬県の県庁所在地（県都）であった上に、明治以来の日本の基幹産業であった蚕糸業が発達し、我が国を代表する製糸都市であったからです。

しかし、昭和20年8月5日の空襲では市街地の8割を焼失し、壊滅的な被害を受けました。けれども、市民の努力によりいち早く復興を成し遂げ、昭和の合併と工場誘致で高度成長期には飛躍的な躍進を遂げました。そして、平成の合併では大胡町・宮城村・粕川村・富士見村が合併し、大前橋が誕生しました。

近現代史の変化の激しさは、ナショナリズム（民族主義）と戦争、インダストリアリズム（工業主義）、デモクラシー（民主主義）の進展と衝突、拮抗によるものと言われています。その波は前橋にも及び、市街地は戦禍と復興、郊外は工業団地、住宅団地などの造成や土地改良事業などで、昔からの景観や生活様式は一変したといえるでしょう。

21世紀を生きる私たちは、前橋市の歴史をどれほど知っているでしょうか。誇れる先人、素晴らしい自然、埋もれた歴史のすべてを後世に語り継ぐため、前橋学ブックレットを創刊します。

ブックレットは研究者や専門家だけでなく、市民自らが調査・発掘した成果を発表する場とし、前橋市にふさわしい哲学を構築したいと思います。

前橋学ブックレットの編纂は、前橋の発展を図ろうとする文化運動です。地域づくりとブックレットの編纂が両輪となって、魅力ある前橋を創造していくことを願っています。

前橋市長　山本　龍

mBOOKLet

前橋学ブックレット㉖

| 教育者・井上浦造 |

発 行 日／2021年8月24日 初版第1刷

企　　画／前橋学ブックレット編集委員会
〒371-8601　前橋市大手町2-12-1　tel 027-898-6992
前橋市文化国際課

著　　者／大﨑厚志

発　　行／上毛新聞社デジタルビジネス局出版部
〒371-8666　前橋市古市町1-50-21　tel 027-254-9966

ISBN 978-4-86352-290-9

ブックデザイン／寺澤　徹（寺澤事務所・工房）

前橋学ブックレット〈既刊案内〉

❶日本製糸業の先覚 速水堅曹を語る（2015年）
石井寛治／速水美智子／内海　孝／手島　仁　ISBN 978-4-86352-128-5

❷羽鳥重郎・羽鳥又男読本 ―台湾で敬愛される富士見出身の偉人―（2015年）
手島　仁／井上ティナ（台湾語訳）　ISBN 978-4-86352-129-2

❸剣聖 上泉伊勢守（2015年）
宮川　勉　ISBN 978-4-86532-138-4

❹萩原朔太郎と室生犀星 出会い百年（2016年）
石山幸弘／萩原朔美／室生洲々子　ISBN 978-4-86352-145-2

❺福祉の灯火を掲げた 宮内文作と上毛孤児院（2016年）
細谷啓介　ISBN 978-4-86352-146-9

❻二宮赤城神社に伝わる式三番叟（2016年）
井野誠一　ISBN 978-4-86352-154-4

❼楫取素彦と功徳碑（2016年）
手島　仁　ISBN 978-4-86352-156-8

❽速水堅曹と前橋製糸所 ―その「卓犖不羈」の生き方―（2016年）
速水美智子　ISBN 978-4-86352-159-9

❾玉糸製糸の祖　小渕しち（2016年）
古屋祥子　ISBN 978-4-86352-160-5

❿下馬将軍 酒井雅楽頭の菩提寺　龍海院（2017年）
井野修二　ISBN 978-4-86352-177-3

⓫ふるさと前橋の刀工 ―古刀期～近現代の上州刀工概観―（2017年）
鈴木　叡　ISBN 978-4-86352-185-8

⓬シルクサミット in 前橋 ―前橋・熊本・山鹿・宇都宮・豊橋―（2017年）
前橋学センター編　ISBN 978-4-86352-189-6

⓭老農・船津伝次平の養蚕法（2017年）
田中　修　ISBN 978-4-86352-193-3

⓮詩のまち　前橋（2018年）
久保木宗一　ISBN 978-4-86352-215-2

⓯南橘地区の筆子塚からみる庶民教育（2018年）
南橘地区歴史文化活用遺産委員編　ISBN 978-4-86352-225-1

⓰上川淵地区の伝統行事と祭り（2018年）
上川淵地区郷土民俗資料館編　ISBN 978-4-86352-229-9

⓱富士見かるた（2019年）
富士見地区歴史文化遺産活用委員編　ISBN 978-4-86352-230-5

⓲下川淵カルタ（2019年）
下川淵地区歴史文化遺産活用委員編　ISBN 978-4-86352-235-0

⓳前橋の旧町名（2019年）
町田　悟　ISBN 978-4-86352-240-4

⓴前橋と古利根川［上巻］ 先史利根川と古代利根川（2019年）
小野久米夫　ISBN 978-4-86352-241-1

㉑前橋と古利根川［下巻］ 中世根川と近世利根川（2019年）
小野久米夫　ISBN 978-4-86352-243-5

㉒山王廃寺は放光寺（2020年）
松田　猛　ISBN 978-4-86352-266-4

㉓酒井忠清 申渡状を繙く（2020年）
野本文幸　ISBN 978-4-86352-271-8

㉔赤城南麓の覇者が眠る大室古墳群（2020年）
前原　豊　ISBN 978-4-86352-272-5

㉕前橋台地Ⅰ その成り立ちと旧石器・縄文時代（2021年）
梅沢重昭　ISBN 978-4-86352-276-3

各号　定価：本体600円＋税